Le *Da Vinci code* expliqué à ses lecteurs

Bernard Sesboüé s.j.

Le *Da Vinci code* expliqué à ses lecteurs

Éditions du Seuil

ISBN 2-02-084881-3

www.seuil.com

Chapitre 1

UN ROMAN OU UN LIVRE D'HISTOIRE ?

– *Le* Da Vinci code, *est-ce un roman ou de l'histoire ?*

– Je serais tenté de répondre les deux à la fois. C'est un mélange, un *mixage* en termes médiatiques, extrêmement subtil fait d'inventions imaginaires et de références historiques précises. L'auteur l'intitule « Roman » et reconnaît que c'est une œuvre de fiction. Mais ce n'est pas un roman historique classique comme, par exemple, *Les Trois Mousquetaires* d'Alexandre Dumas où personne ne se trompe sur ce qui est historique et ce qui ne l'est pas. Pour le *Da Vinci code* le mixage est infiniment plus fin, de telle sorte que les éléments inventés semblent appartenir à l'histoire. Le terme de mixage nous renvoie à une image médiatique, mais aussi culinaire. Le livre met en œuvre une excellente recette et a été « cuisiné » avec beaucoup d'art en fonction des attentes du public. Il a tout ce qu'il faut pour devenir un best-seller.

– *Expliquez-moi alors la composition du livre.*

– Il s'agit d'un roman policier autour d'une chasse au trésor, à fort suspense et rebondissements multiples. Deux camps convoitent le même trésor dans des intentions contraires et celui-ci est l'objet de passes successives entre les joueurs. Le rythme est très rapide et tout est fait pour que le lecteur se méprenne à première vue sur l'identité de chaque partenaire et son appartenance à tel ou tel camp. L'auteur maintient toujours le lecteur en haleine. Il n'y a aucune digression littéraire, mais seulement du dialogue et de l'action.

Mais il ne s'agit pas de n'importe quel roman policier : celui-ci est situé dans notre histoire et prend son départ dans notre actualité, ce qui permet de faire intervenir tout un tas de références contemporaines que chaque lecteur connaît bien et qu'il peut même au besoin vérifier en allant au Louvre ou à l'église Saint-Sulpice. Il met en scène des personnages de l'Église catholique connus de tous et fait référence à de grands événements de son passé. La fiction est alors inscrite dans un certain nombre de repères de l'histoire et de l'actualité, aussi exacts que possible, qui lui donnent non seulement le ton de la vraisemblance mais encore celui de la réalité. Le lecteur oublie alors qu'il s'agit d'un roman, et prend pour historique, non pas la totalité du récit, mais son élément central, c'est-à-dire le secret autour duquel tourne toute l'intrigue, celui de la relation amoureuse de Jésus avec Marie-Madeleine. L'Église s'est donc efforcée de cacher pendant deux mille ans ce qui est un scandale au regard de l'idéal évangélique. Sa révélation au public ruinerait toute sa crédibilité. Comme le lecteur reconnaît en tout cela bien des choses dont il a entendu parler, il est tenté de donner crédit à des données totalement fictives ; ou, s'il est chrétien, il s'interroge et peut même être troublé dans sa foi.

Pour entretenir cette illusion, Dan Brown fait précéder son roman d'une notice, intitulée « Les faits », dans laquelle il affirme que la société secrète du Prieuré de Sion date de 1099, alors qu'une enquête très sérieuse a pu montrer qu'il s'agit d'une association de la loi de 1901 déclarée le 20 juillet 1956. Dans le paragraphe suivant il parle de l'*Opus Dei*, organisme qui existe réellement dans l'Église d'aujourd'hui. Pourquoi les deux choses ne seraient-elles pas également vraies ? Voilà, pensera-t-on immédiatement, un auteur qui a pris le soin de se documenter.

– *En plus de la fiction et de l'histoire, quels sont les autres éléments ?*

– En évoquant Jésus et Marie-Madeleine, j'ai déjà fait intervenir un troisième élément tout à fait important. Dans tout roman, aujourd'hui, il faut « du sexe ». Dan Brown fait pour sa part appel à l'alliance du sexe et du sacré. Sans doute le livre ne donne-t-il qu'une seule description érotique, la scène de prostitution rituelle des membres de la confrérie du Prieuré de Sion. Mais le reproche revient souvent : le christianisme a rendu le sexe honteux. L'auteur fait encore beaucoup plus fort à propos de la personne qui est au centre de la foi chrétienne, Jésus, reconnu par les chrétiens comme Fils de Dieu, figure parfaitement limpide des évangiles et à propos duquel absolument aucun témoignage crédible ne donne à entendre qu'il ait été marié, ni qu'il ait exercé sa sexualité. L'alliance du sexe et du sacré s'en prend donc à Jésus lui-même. Sa chasteté est trop invraisemblable pour être vraie, elle ne peut donc être que le fruit d'un mensonge. Quel discrédit aussi pour la morale évangélique et ecclésiale, si exigeante et si austère, si le message chrétien repose sur une telle hypocrisie !

Le livre se sert aussi du thème du féminisme dont nous savons combien il est en vogue aujourd'hui, en particulier en Amérique du Nord. Ici encore le roman veut aller plus loin en proposant le « Féminin sacré » comme le lieu par excellence de la rencontre avec la divinité. La religion chrétienne, selon Dan Brown, est née du désir de détrôner la Femme, déesse primitive de l'humanité, pour la remplacer par un culte « mâle », celui du Christ, qui sera divinisé au IVe siècle par la volonté de Constantin. On connaît le reproche couramment adressé à l'Église catholique de ne pas traiter les femmes sur un pied d'égalité avec les hommes et de ne pas les accepter dans sa hiérarchie. Le reproche se situe ici au fondement de l'Église et s'en prend aux disciples du Christ lui-même. Marie-Madeleine est une quasi-déesse, *alter ego* du Christ selon le mythe de l'androgyne, mais une déesse qui a été la victime du machisme des apôtres qui ont tout fait pour l'écarter et l'occulter. Le roman vous fait alors découvrir en son temps que la jeune Sophie, son héroïne féminine, est une descendante de Jésus et de Marie-Madeleine.

– *Tout cela n'est-il pas une forme d'ésotérisme ?*

– Effectivement. Le vrai religieux risquerait de devenir bien vite ennuyeux, s'il n'était pas mélangé avec de l'ésotérisme. L'ésotérisme désigne des doctrines fondées sur le secret réservé à quelques initiés, et il comporte un appel à une forme de paranormal ou de supranaturel. Dans les librairies des grands magasins, les quelques rayons religieux sont en fait situés sous la rubrique « Religions, Ésotérisme » et les livres sur l'ésotérisme y dominent. Le *Da Vinci code* reprend par exemple le thème, cher au *New Age*, du passage de l'ère du Poisson à l'ère du Verseau qui s'est accompli avec notre nouveau siècle et s'inscrit dans l'annonce mythologique de la fin des temps.

On peut se demander pourquoi l'ésotérique, le magique et l'astrologie ont tant de succès dans notre société technique et scientifique, complètement rationalisée, et qui abandonne, apparemment sans complexe, le mystère proprement chrétien. Il faut sans doute parler ici du « retour du refoulé ». Une aspiration profonde de l'âme humaine n'est pas satisfaite par un rationalisme qui ne fait nullement droit aux données de notre affectivité et surtout ne répond pas aux « questions dernières ». Il ne suffit pas de chercher sans cesse une qualité de vie meilleure. Il est impossible de ne pas se poser la question du sens de la vie et du sens de sa vie. Mais ce retour du refoulé se fait d'une manière en quelque sorte « sauvage ». Il tourne le dos aux grandes religions historiques porteuses d'un message qui propose un acte de foi raisonnable, pour se livrer au culte de l'insolite, de l'extraordinaire et de l'anormal. Que l'on pense au succès de certaines sectes, parfois infantiles, souvent financièrement intéressées. Ces sectes d'ailleurs présentent souvent une façade scientifique, ce qui peut paraître paradoxal, et promettent un épanouissement rapide de soi, c'est-à-dire une forme de bonheur facilement accessible. Elles invoquent la découverte de lois encore mal connues qui permettent à l'être humain de renouer avec son « énergie profonde ». Nous verrons bientôt qu'il existe aujourd'hui une résurgence de la *gnose* – ce mot grec veut dire connaissance –, c'est-à-dire de formes de doctrines qui proposent une initiation à un salut donné par une connaissance secrète.

– *Mais l'Église parle sans cesse de surnaturel ; ici il est question d'ésotérique, de paranormal, ou même de magique : quelle différence faites-vous entre l'un et l'autre ?*

– Le vrai surnaturel, ou le mystère chrétien, est tout autre chose : il est l'objet d'une révélation que Dieu lui-même a faite aux hommes dans l'histoire et dont le message est contenu dans la Bible. Le surnaturel, *c'est le don gratuit que Dieu nous fait de lui-même.* Il nous dépasse absolument et en même temps son désir se manifeste au plus profond de notre conscience, pour peu que nous cherchions Dieu en vérité. Il n'a absolument rien d'insolite. Par définition les hommes ne peuvent jamais l'obtenir par leurs propres forces, ce qui contredit notre tentation de tout conquérir et de tout réaliser par nous-mêmes. Ce don gratuit ne peut être accueilli que gratuitement. Non seulement le surnaturel est seul capable de réaliser notre désir le plus profond d'amour et de bonheur, mais encore il dépasse même ce que nous pouvons désirer. Le surnaturel se reçoit dans la foi. Il est le lieu d'un rapport personnel entre Dieu et l'homme.

Ce don surnaturel de Dieu à l'homme s'exprime en un certain nombre de *mystères*, celui de la Trinité, de l'incarnation, de la rédemption ou du salut. Le mystère n'est pas une réalité insolite ou indéchiffrable. Il était sans doute caché en Dieu, mais il nous a été révélé par le Christ. Il nous dit que Dieu est amour et c'est pourquoi il est un en trois personnes, parce que, pour aimer en vérité, il faut aimer un autre que soi. Sinon ce serait de l'égoïsme pur. Il nous dit que Dieu s'intéresse aux hommes, qu'il cherche à les rencontrer et qu'il s'est approché d'eux jusqu'à leur envoyer son Fils, devenu homme lui-même. Il nous dit qu'il veut le salut de toute l'humanité, c'est-à-dire sa libération du péché et son entrée dans la vie même de Dieu, la « vie éternelle » dont parle Jésus dans l'évangile de Jean. La vie éternelle est déjà là, avant d'être parfaitement manifestée dans la demeure de Dieu. Or une caractéristique du *Da Vinci code* est l'absence de la grâce, c'est-à-dire du don de Dieu.

Mais on emploie aussi le terme de surnaturel à propos des miracles, en tant qu'ils sont des interventions de Dieu dans notre monde. Il s'est produit alors un contresens et ce terme en est venu à être associé à tout ce qui est mystérieux, inexplicable, prodigieux, voire magique, ou encore l'expression de lois scientifiques encore inconnues. Nous retrouvons ainsi la tendance à identifier le religieux à l'ésotérique, qui représente une perversion du vrai sens du terme de surnaturel.

Le terme de *sacré* est lui aussi au cœur de l'expérience religieuse de l'humanité. Le sacré est le lieu de la transcendance, du contact avec l'Absolu de la puissance divine. Il provoque à la fois la crainte et la fascination. Il s'oppose au profane, c'est-à-dire au quotidien de la vie des hommes. Le sens du sacré, primitivement ambigu, car la puissance divine a pu être comprise comme maléfique, s'est approfondi et purifié avec l'évolution de l'humanité. Dans la révélation judéo-chrétienne, le sacré se fait sainteté, manifestation ici-bas de la sainteté de Dieu dont la présence universelle et bienveillante fait que plus rien n'est vraiment profane. La sainteté de Dieu devient à la fois un don de sanctification et une exigence de sainteté pour l'homme. Tel est le sacré ou la sainteté chrétienne. Non seulement Dieu est saint et sacré, mais mon prochain, tout homme pour lequel le Christ est mort, a une valeur sainte et sacrée.

Dans les décennies récentes, on a assisté à une « désacralisation » de la religion et au phénomène de la sécularisation, c'est-à-dire le phénomène culturel qui exile toute référence à Dieu dans le domaine de la vie privée et n'accorde d'importance dans la vie sociale qu'à ce qui relève de notre monde. On y voyait une libération de l'homme de la tutelle du sacré, symbolisée dans les autorités religieuses et cléricales. Aujourd'hui, nous vivons le contrecoup de cet excès. Le mouvement du balancier va dans l'autre sens. Un certain public désire « resacraliser » le religieux, mais une fois encore, il est tenté de le faire de manière très ambiguë. Il faudrait revenir à la conception chrétienne de la sainteté.

– *Finalement, quel est le message du livre ?*

– Essayons de résumer, dans l'ordre de la chronologie, une histoire assez compliquée. Pour faire bref, Jésus et Marie-Madeleine étaient mariés ; ils ont eu des enfants. Marie-Madeleine est venue après la mort de Jésus s'installer dans le Midi de la France et sa descendance se perpétua, toujours porteuse du sang du Christ, un « sang royal » par excellence ou « sang réal », ce qui va nous conduire tout droit au « Saint Graal ». Le Graal était censé être la coupe qui a recueilli le sang du Christ après que son côté eut été ouvert sur la croix ; il était l'objet légendaire de la recherche des chevaliers du Moyen Âge. Cette prétendue relique, en toute hypothèse impossible à identifier, a passionné l'imaginaire de certains croisés et fourni un motif à toute une littérature.

Vivant sous le sceau du plus grand secret, cette lignée issue de Jésus s'allia au Ve siècle à la dynastie des Mérovingiens, évincée par la suite, mais seule dynastie royale légitime pour la France. En plein XXe siècle, un certain Pierre Plantard de Saint-Clair serait un descendant du Christ ! Il représente la version masculine du personnage de Sophie dans le roman. Toute cette histoire se trouverait dans les documents secrets découverts à la fin du XIXe siècle à Rennes-le-Château, petit village du Midi de la France, par l'abbé Saunière (le nom du conservateur du Louvre assassiné au début du roman), un curé un peu extravagant qui semblait rouler sur l'or.

Comment une telle aventure a-t-elle pu rester secrète ? Grâce au « Prieuré de Sion », société secrète prétendument fondée à la fin du XIe siècle par Godefroy de Bouillon et dont ce Pierre Plantard serait le dernier « Grand Maître », à la suite de divers personnages célèbres comme Newton, Victor Hugo et Jean Cocteau. En fait, nous l'avons vu, ce « Prieuré de Sion » n'est qu'une association de la loi de 1901, déclarée par Pierre Plantard en 1956.

Mais revenons au Moyen Âge : nous croisons le drame des Templiers, Ordre à la fois religieux et militaire, chargé de protéger les pèlerins de terre sainte. Cet Ordre a réellement existé, mais on nous découvre son véritable secret. Il connaissait le mariage de Jésus et de Marie-Madeleine, car ses membres avaient retrouvé sous les ruines du Temple de Jérusalem les documents attestant la chose et ils auraient fait chanter la papauté. Ceci expliquerait leur persécution par Philippe le bel et le pape Clément V. Le roman fait de plusieurs de ses héros des passionnés de la quête du Graal. Mais celui-ci va changer totalement de contenu. Il ne s'agit plus du calice du Christ, mais d'un parchemin attestant sa liaison amoureuse avec Marie-Madeleine.

Aujourd'hui, toujours selon notre auteur, l'Église se sert de l'*Opus Dei*, société secrète à sa solde, pour reprendre le secret détenu par les membres du Prieuré de Sion. C'est pourquoi un moine-soldat se permet d'assassiner ses représentants, afin de leur dérober le parchemin qui atteste la liaison de Jésus et de Marie-Madeleine. Car si la chose était connue, c'en serait fini du pouvoir de l'Église sur le monde.

Cette histoire est censée apporter la preuve de l'assertion majeure : Jésus a été l'amant de Marie-Madeleine et l'Église a toujours été prête à tous les crimes pour le cacher. Mais, par la vertu du mixage évoqué, le lecteur en vient à douter d'abord et ensuite à se convaincre qu'« il y a quelque chose ». Dan Brown relie entre elles un certain nombre de traditions et de légendes mystérieuses et secrètes qui ont traversé la vie culturelle de l'Occident depuis le Moyen Âge (par exemple, la légende du Graal et le secret des Templiers). Son but était d'établir un lien entre Marie-Madeleine, « l'épouse de Jésus » selon lui, et l'une de ses descendantes qui est l'héroïne du roman.

– *Mais vous oubliez Léonard de Vinci : ses peintures ne portent-elles pas témoignage en faveur des affirmations de Dan Brown ?*

– Léonard de Vinci fut un des grands génies de tous les temps, non seulement par la qualité de sa peinture, mais par le nombre de ses inventions dans tous les domaines. Cet homme de la Renaissance était une sorte de savant universel. Il était aussi très original, féru d'alchimie et assez critique envers les gens d'Église. À tous ces titres sa personnalité est fascinante. Il était déjà une légende de son vivant et les passionnés de Léonard ont multiplié les recherches à son sujet. Dan Brown l'enrôle donc dans son système en faisant de lui un hérétique, pour ne pas dire un blasphémateur qui corrompt en particulier ses peintures religieuses par une série de symboles codés venant de la kabbale, de l'hermétisme (la doctrine issue des révélations du dieu Hermès Trismégiste) et des dieux égyptiens. Bref, Léonard serait un adepte exemplaire de l'ésotérisme. C'est ainsi que Mona Lisa, c'est-à-dire la Joconde, est en fait un androgyne. Il y a plus : dans le fameux tableau de la Cène, qui représente la réaction des divers apôtres au moment où Jésus leur annonce la trahison de Judas, le personnage qui est à la droite du Christ et qui représente saint Jean serait une femme, c'est-à-dire Marie-Madeleine. Tout cela n'est que de la pure invention. En fait, Léonard n'a jamais éprouvé le besoin de peindre Marie-Madeleine, pourtant sujet artistique fréquent de son temps. On sait le succès mondial et exceptionnel du tableau de la Joconde. En traitant un personnage historique avec pas mal de désinvolture, Dan Brown l'intègre donc à son montage.

– *Est-ce un roman à thèse ?*

– Finalement oui. Mais cette opération de déconsidération de l'Église est faite à dose « homéopathique » et Dan Brown se permet même de lui faire ici ou là quelques compliments. Elle est presque de l'ordre « subliminal », c'est-à-dire inférieur au seuil de la conscience claire. On peut lire pratiquement la moitié du livre sans s'en apercevoir. C'est une petite réflexion à laquelle on ne fait pas attention, mais qui est reprise un peu plus loin comme allant de soi. Par petites touches, un portrait assez noir des hommes d'Église est proposé, et l'on est amené à comprendre que cette institution est au service du mensonge et se prête à un complot presque diabolique. Quant à Jésus, il est ramené au niveau de toutes les faiblesses humaines.

La thèse est que le christianisme est bâti sur un formidable mensonge, mensonge que le « Vatican » cache au bon peuple depuis deux mille ans. Bien entendu, si ce mensonge était découvert, ce serait la ruine de la religion catholique ; c'est pourquoi les hommes d'Église sont prêts à tout, à la manipulation, aux pires turpitudes et même au crime, pour arriver à leurs fins. L'Église catholique, bien plus marâtre que mère, et marâtre toujours moralisatrice, fait tout le contraire de ce qu'elle enseigne. Elle a même à sa disposition une sorte de milice : il y a cinquante ou cent ans, cette milice aurait été celle des jésuites, sur lesquels on pouvait tout écrire. Aujourd'hui l'accusation contre les jésuites sent un peu le réchauffé : ce sera donc un membre de l'institution nouvelle de l'*Opus Dei*, proche du Vatican.

Pourquoi cette critique du christianisme, et avec une telle violence ? Si un livre était écrit avec une intention analogue en s'en prenant à une autre religion, il provoquerait certainement des réactions. Mais il semble, aujourd'hui, qu'à l'égard du christianisme tout soit permis. Pourquoi cette différence de traitement ? Notre société occidentale, en Europe surtout, semble vivre le phénomène que la psychologie appelle l'« abréaction », c'est-à-dire une réaction viscéralement négative contre l'instance religieuse qui a prétendu régenter les mœurs et imposer sa morale pendant des siècles à notre société. L'Église, mère des croyants et un peu mère de la société occidentale, est devenue, comme je le disais, une véritable marâtre.

Essayons maintenant de donner une version du christianisme plus conforme à la vérité des choses et de l'histoire.

Chapitre 2

JÉSUS ET MARIE-MADELEINE

– *Allons tout de suite au cœur du problème. Que s'est-il passé entre Jésus et Marie-Madeleine ?*

– Rien du tout ! Ne posons pas le problème de manière anachronique. Marie-Madeleine est le nom d'un personnage de composition qui a traversé l'histoire et la culture religieuse occidentale depuis deux mille ans. Si l'on regarde de plus près le texte des évangiles, on s'aperçoit que ce personnage est le résultat d'un amalgame entre trois femmes effectivement mentionnées par les rédacteurs. Alors votre question porte sur laquelle de ces trois femmes ?

Dan Brown ne s'est pas donné le mal de remonter aux évangiles. Il a greffé son roman sur le personnage présenté au cours des âges sous des visages très différents. Chaque époque s'est en effet « projetée » sur Marie-Madeleine en fonction de son idéal et de ses attentes. Par exemple, le fait qu'elle était une femme était plutôt une objection au regard des auteurs du XIXe siècle, alors qu'au XXe et au XXIe, c'est devenu une grande qualification. Cette Marie-Madeleine-là appartient à la légende pieuse et édifiante : elle n'a jamais existé. Son succès est venu de l'association entre la grande pécheresse et une amie très proche de Jésus, d'autant plus sainte qu'elle avait été plus pécheresse.

– *Il y eut trois Marie-Madeleine ?*

– Il y a d'abord Marie la Magdaléenne, c'est-à-dire originaire de Magdala, village situé sur les bords du lac de Tibériade ; il y a Marie de Béthanie, sœur de Marthe et de Lazare, groupe familial qui vit dans cette bourgade située à côté de Jérusalem ; il y a enfin une femme qui n'est pas nommée, mais qui est présentée comme une « pécheresse » dans la scène du repas de Jésus chez Simon le Pharisien.

Marie de Magdala est mentionnée trois fois dans les évangiles. Il nous est dit une première fois (évangile de Luc 8,1-3) qu'elle faisait partie du petit groupe des femmes qui suivaient Jésus et le servaient, c'est-à-dire assuraient l'intendance de son groupe et l'assistaient financièrement au cours de sa mission. Ces femmes avaient été guéries d'esprits mauvais et de maladies. C'est ainsi que Jésus avait délivré Marie de Magdala de « sept démons ». Cela ne veut pas dire pour autant qu'elle était une pécheresse. Le thème de l'expulsion des démons était lié dans l'esprit du temps à la guérison des maladies, comme on le voit souvent dans les évangiles.

Nous retrouvons ensuite Marie de Magdala avec Marie la mère de Jésus et une autre Marie, femme de Clopas, au pied de la croix, et sans doute aussi d'autres femmes (Jean 19,25 ; Matthieu 27,35-36). Beaucoup de femmes portent le prénom de Marie, alors extrêmement répandu, ce qui ne facilite pas l'identification.

Nous la retrouvons une fois encore, toujours parmi un groupe de femmes, au tombeau du Christ le matin de la résurrection : venues achever l'embaumement de Jésus avec des aromates, ces femmes découvrent le tombeau vide (Matthieu 28,1 ; Marc 16,1-2 ; Luc 24,1).

Dans ces trois mentions de son nom, Marie de Magdala n'a pas de personnalité propre : elle appartient à un groupe. Que son nom soit précisé montre seulement qu'elle était une figure importante du groupe et particulièrement fidèle à Jésus.

Concernant la résurrection, il n'en va pas de même avec l'évangile de Jean qui consacre à Marie de Magdala le premier récit d'apparition de Jésus (20,11-18). Celle-ci pleure auprès du tombeau. En se penchant, elle voit deux anges qui lui demandent pourquoi elle pleure. Elle répond qu'on a enlevé le corps de son Seigneur. Se retournant alors, elle voit Jésus, mais ne le reconnaît pas, le prenant pour le jardinier. À la question de Jésus sur ses pleurs, elle fait la même réponse éplorée. C'est alors que Jésus l'appelle par son prénom, « Marie », et qu'elle lui donne en retour le titre de « Rabbouni », diminutif de Rabbi, qui veut dire « Maître », avec une nuance de tendresse. Marie reconnaît alors Jésus qui réfrène son élan vers lui en lui disant de ne pas le retenir, car il monte vers son Père et il n'est plus de notre monde. Il appartient maintenant à la sphère de la vie divine. La scène se termine par l'envoi de Marie en mission, afin qu'elle apprenne aux disciples la nouvelle de la résurrection : elle sera ainsi le premier témoin et le premier apôtre de Jésus ressuscité. Cette scène suppose une relation affective personnelle entre

Jésus et Marie. C'est beaucoup, mais c'est tout. Nous allons voir que les deux autres femmes témoignent aussi d'une grande affection envers Jésus.

– *Et la deuxième Marie ?*

– La deuxième Marie est Marie de Béthanie, la sœur de Marthe et de Lazare. Elle est présente elle aussi dans trois épisodes. Dans le premier, raconté par saint Luc (10,38-42), Jésus est reçu dans leur maison : Marthe vaque au service de la préparation du repas, tandis que Marie écoute simplement la parole de Jésus. Marthe proteste en demandant à Jésus d'envoyer sa sœur pour l'aider. Jésus répond que c'est Marie qui a choisi la meilleure part, puisqu'elle a écouté la parole de Dieu. Cette scène scandalise spontanément les mères de famille qui préparent le repas à la cuisine, tandis que les invités, le mari et les enfants prennent l'apéritif en devisant gaiement. Jésus ne critique pas Marthe : il ne lui aurait sans doute rien dit, si celle-ci ne s'était pas plainte de sa sœur auprès de lui. Il lui répond seulement qu'elle en fait trop, alors qu'une chose, sans doute un seul plat, serait bien suffisante. Marie est allée à l'essentiel. Toute la scène tourne autour de cette parole de Jésus sur « la meilleure part ». La tradition chrétienne y a vu les symboles de la vie contemplative, c'est-à-dire de la vie principalement consacrée à la prière comme celle des moines et des moniales, et la vie active.

La deuxième scène se trouve dans saint Jean (11,1-44) : Lazare, l'ami de Jésus, vient de mourir. C'est Marthe, plus impétueuse, qui court au devant de Jésus pour lui dire : « Seigneur, si tu avais été ici, mon frère ne serait pas mort ». Jésus l'invite à croire en la résurrection. Marthe exprime alors sa foi en la résurrection au dernier jour. Jésus lui répond par la célèbre proclamation : « Je suis la résurrection et la vie. Qui croit en moi, même s'il meurt, vivra. » Marie, appelée par sa sœur, rejoint en pleurs Jésus et lui fait la même déclaration que sa sœur. À la vue de cette souffrance, Jésus frémit d'émotion et se trouble en raison de son amour pour Lazare. Marthe est plus active et entreprenante, Marie plus sensible. Mais Jésus ne fait pas la différence entre les deux sœurs. Il accomplit alors le miracle de rendre Lazare à la vie.

La troisième scène est celle du repas que Jésus vient prendre à Béthanie chez ses trois amis six jours avant la Pâque. Marthe est toujours au service. Marie se lève pour oindre les pieds de Jésus avec un parfum de grand prix et les essuyer avec ses cheveux (Jean 12,1-11), geste que nous retrouverons dans un instant chez la pécheresse dont parle saint Luc. Matthieu (26,6-13) et Marc (14,3-9) situent la même scène chez Simon le lépreux et ne nomment pas la femme qui accomplit l'onction. Jean semble connaître l'événement de plus près.

– *Il y a encore une troisième Marie ?*

– La troisième femme en cause n'a pas de nom : elle est appelée simplement par Luc (7,36-50) « une pécheresse », ce qui veut dire une « pécheresse publique », une prostituée. Jésus est invité à dîner chez Simon le Pharisien qui le reçoit plutôt fraîchement, sans se livrer aux marques de politesse d'usage. Au cours du repas, cette femme entre et, en pleurs, elle inonde les pieds de Jésus de ses larmes, les essuie avec ses cheveux, les couvre de baisers et les oint du parfum qu'elle a apporté. Simon est choqué de voir Jésus se laisser toucher par cette femme impure et celui-ci lui raconte une petite parabole pour lui faire comprendre que, s'il a peut-être moins péché qu'elle, il n'a cependant exprimé aucun geste d'affection envers lui. Elle, au contraire, a manifesté beaucoup d'amour, et c'est pourquoi ses nombreux péchés lui sont pardonnés. Quand Jésus dit à la femme : « Tes péchés sont pardonnés », les assistants sont encore plus scandalisés, parce que Dieu seul peut remettre les péchés. L'amour que cette femme a exprimé est un amour de repentance, un amour spirituel ; c'est aussi un amour qui s'exprime par des gestes très charnels : baiser les pieds, les oindre de parfum et se servir de ses cheveux pour les essuyer.

– *Jésus a donc aimé trois femmes ?*

– Tout dépend du sens que l'on donne au mot *aimer*. Au sens d'une affection profonde, il en a sans doute aimé d'autres. Ces relations féminines de Jésus nous disent tout simplement qu'il avait un cœur d'homme, capable de nouer des affections plus privilégiées, envers des hommes comme envers des femmes : il a aimé le jeune homme riche qui l'interrogeait en vue de savoir ce qu'il devait faire de bon pour avoir la vie éternelle (Marc 10,19) ; il aimait Lazare son ami et pleura devant son tombeau ; il aimait plus particulièrement l'apôtre Jean. Il aimait sa mère, il aimait les deux Marie, de Magdala et de Béthanie, il a aimé la pécheresse. Cela ne veut pas dire qu'il a eu des relations sexuelles avec ces femmes. Le penser est une invention gratuite.

L'important est de bien voir que trois femmes différentes ont exprimé avec une ardeur toute féminine leur affection pour Jésus. Rien n'indique que Jésus ait entretenu des relations amoureuses avec l'une ou l'autre. Il faut être sensible au climat des récits évangéliques qui se situent dans un tout autre ordre de relations. On accuse volontiers le christianisme de mépriser l'humain, de ne pas honorer la féminité. Les évangiles montrent le contraire : Jésus est humain, sensible, affectueux. Pourquoi ses attitudes prêteraient-elles aussitôt à soupçon ?

En fait, ce qui semble le plus difficile à accepter, c'est la virginité de Jésus. La sexualité est devenue l'objet d'une telle obsession, que le témoignage d'une chasteté parfaite apparaît comme irrecevable. Or Jésus n'a pas hésité à reprendre à son compte le quolibet d'« eunuque » qui lui fut sans doute adressé. Mais il précise qu'il faut distinguer trois sortes d'eunuques : ceux qui sont nés ainsi, ceux qui se sont mutilés, et ceux qui ont fait ce choix « à cause du Royaume des cieux ». Il termine cette réflexion par cette parole : « Qui peut comprendre, qu'il comprenne ! » (Matthieu, 19,12), ce qui donne à penser que même de son temps ce n'était pas facile à accepter. Jésus a consacré toutes les forces de son être à l'annonce de l'Évangile et du Royaume : c'est sa mission qui donne sens à son célibat. Comme une femme l'a remarqué avec finesse, la virginité de Jésus est un mystère. Pourquoi l'incarnation a-t-elle écarté ce seul secteur de l'expérience humaine, si central ? Pourquoi dans sa vie n'y a-t-il pas la moindre allusion indiquant qu'il ait participé à l'expérience physique de la sexualité ? Pourquoi la tradition exclut-elle avec une extrême rigueur tout soupçon de cet ordre ?

Nous connaissons pourtant tous non seulement des célibataires qui mènent une vie authentiquement humaine, mais aussi des hommes et des femmes qui ne se marient pas parce qu'ils veulent consacrer leur vie à un idéal de service des autres qui les prend tout entiers. La chasteté du célibat n'est pas le monopole de la vie des religieux, des religieuses et des prêtres. Il n'y a rien là qui doive dévaloriser le mariage.

– *Pourquoi a-t-on mélangé ces diverses scènes pour les attribuer à la même personne ?*

– Parce que ces divers récits se rencontrent sur un certain nombre de points : le premier est l'amour que ces trois femmes ont ressenti pour Jésus. Cet amour est très pur, spirituel en son fond, mais n'hésitant pas à s'exprimer très concrètement. Deux d'entre elles ont le même nom, Marie. Marie de Béthanie et la pécheresse font le même geste : oindre les pieds de Jésus avec un parfum et les essuyer avec leurs cheveux. Mais le contexte est différent : la pécheresse pleure de repentance ; Marie anticipe l'embaumement du corps de Jésus. D'autre part, nous savons par Luc (8,2) que Marie de Magdala a été délivrée de sept démons, ce qui a été rapproché des péchés de la prostituée, bien que les deux cas soient différents. On a pu aussi confondre Simon le Pharisien et Simon le lépreux.

– *Est-ce Dan Brown qui a inventé l'amalgame entre les trois femmes ?*

– Non. D'ailleurs, Dan Brown se garde bien de citer aucun des textes évangéliques. Les scrupules historiques ne l'étouffent pas. Son récit

« brode » à partir du personnage de Marie-Madeleine, de plus en plus légendaire et aujourd'hui à la mode. Il considère que les relations amoureuses entre Jésus et cette femme sont un fait acquis sur lequel il ne se pose aucune question. Il n'en parle même que par allusion. Avant lui Nikos Kazantzákis dans son roman *La Dernière Tentation*, repris par le film de Martin Scorsese, *La Dernière Tentation du Christ*, avait déjà évoqué un amour entre Jésus et Marie-Madeleine. L'originalité de Dan Brown réside dans l'affirmation de l'existence d'une descendance de Jésus et dans sa manière de faire de Marie-Madeleine une figure ésotérique.

À l'origine, les Pères de l'Église, c'est-à-dire les grands écrivains chrétiens des premiers siècles, ont maintenu la distinction entre les trois femmes (Tertullien, Clément d'Alexandrie, Origène, Chrysostome, Ambroise, Hilaire, Jérôme). Puis Augustin s'est mis à hésiter. Ce fut le pape Grégoire le Grand (mort en 604) qui a confondu le premier les trois personnes en raison des convergences existant entre les récits. Les caractéristiques propres à Marie de Béthanie et à la pécheresse viennent alors compléter le personnage de Marie de Magdala. C'est la pécheresse, de qui Jésus a chassé sept démons et qui a oint deux fois ses pieds de parfum, qui l'a suivi au cours de sa vie et a été le premier témoin et l'apôtre de sa résurrection. À partir de là, la prédication chrétienne a largement utilisé cette confusion dans un but d'édification des fidèles.

Ce personnage possède en effet une forte charge symbolique, parce qu'il passe de l'amour du péché à l'amour de Jésus, d'une « mauvaise vie » à la sainteté. Il a été l'objet d'une grande dévotion au cours des siècles. Il s'est progressivement enrichi de légendes liées au culte de prétendues reliques. En Occident s'est constitué le récit imaginaire de la venue de Marie-Madeleine et de Lazare (qui en fait était le frère de Marie de Béthanie !) dans le Sud de la France, puis du transfert de ses reliques à Vézelay. Au XVIe siècle les chercheurs et les biblistes sont revenus à la conviction qu'il fallait bien distinguer trois femmes différentes. Mais le mouvement culturel et religieux autour de Marie-Madeleine était lancé.

Marie-Madeleine a constitué aussi un grand thème artistique : elle a traversé avec ses divers attributs symboliques (cheveux longs défaits, la méditation devant le crâne, etc.) toute l'histoire de l'art. Au Moyen Âge elle était surtout la sainte pénitente. Plus tard, dans les Temps modernes, on aime à la représenter dans sa tenue légère de femme de mauvaise vie et à mettre en valeur sa beauté. Un certain érotisme la « dé-convertit » pour la peindre en amoureuse et en maîtresse. On confond l'extase mystique avec l'extase amoureuse. C'est ainsi que les grandes favorites des rois du XVIIe et du XVIIIe siècle étaient peintes en Madeleine.

– *Mais le christianisme n'est-il pas habité par un mépris de la chair, du corps et de la sexualité ?*

– Cette accusation est à première vue paradoxale, car le christianisme est fondé sur la révélation que le Verbe de Dieu, c'est-à-dire le Fils de Dieu, Parole du Père s'est fait chair (Jean 1,14). C'est ainsi que l'évangile de Jean énonce de la manière la plus brutale, la plus choquante même, le fait que le Fils de Dieu se soit fait homme en Jésus. Dieu s'est incarné, Dieu s'est fait homme. Cela veut dire que tout ce qui vient de Dieu vers les hommes pour les libérer, les sanctifier, même les diviniser passe par le corps de Jésus. Notre salut est un corps à corps entre Jésus et nous. Un corps à corps ne se contente pas de passer par la parole, même si celle-ci est essentielle. Il passe par le toucher. Or Jésus s'intéresse à nos corps, c'est le sens des guérisons dans les évangiles. Jésus touche les organes malades de ceux qu'il veut guérir et les « sauve » par ce contact. Jésus se laisse aussi toucher par les malades et par les femmes dont nous avons parlé. De même, il a pitié de ceux qui ont faim et il tient à nourrir les corps des foules affamées.

Tous ces gestes sont à la source des sacrements de l'Église dans lesquels une action corporelle, comportant un certain toucher, symbolise l'action de salut. Pensons aux onctions d'huile de la confirmation et à l'onction des malades, faites sur le front. Les sacrements sont comme des extensions du corps de Jésus à travers le corps social de l'Église. L'écrivain chrétien du IIIe siècle, Tertullien, a cette formule extraordinaire : « La chair est la charnière du salut. » Au XXe siècle, l'écrivain Françoise Mallet-Joris lui fait écho, dans son livre *La Maison de papier*, en parlant des sacrements comme de « ce lien charnel avec Dieu ». Cette conception était choquante et même inadmissible dans le monde grec où se répandait le christianisme. La mentalité grecque était en effet encline à mépriser les fonctions corporelles et à considérer celles de la reproduction comme humiliantes. Aussi, un Irénée et un Tertullien se sont battus pour maintenir que l'humanité corporelle de Jésus n'était pas une simple apparence, mais bel et bien un corps fait de chair et de sang en tout semblable aux nôtres.

Alors que s'est-il passé ? Deux facteurs ont joué, l'un qui tient à la dignité reconnue par le christianisme aux réalités corporelles et un autre beaucoup moins heureux. Nos corps sont des « temples du Saint-Esprit », c'est-à-dire que Dieu habite en nous ; ils sont à l'image de Dieu. Ils sont aussi le lieu d'expression de l'amour humain. Si la doctrine de l'Église est aussi exigeante au sujet de la sexualité, c'est parce qu'elle voit dans l'union charnelle l'expression d'un mystère d'amour et qu'elle ne peut consentir à voir ce mystère instrumentalisé pour servir à un caprice immédiat. La corruption du meilleur est la pire des choses, dit un proverbe.

Le terme d'amour lui-même en est devenu ambigu : il désigne à la fois l'amour le plus profond, qui est en même temps spirituel et charnel, et sa perversion dans la recherche immédiate d'un plaisir qui devient à peine humain. Le terme de *toucher*, que les évangiles n'hésitent pas à employer à propos des gestes de Jésus, possède aussi un sens trivial et grossier. Si l'Église a toujours proposé la chasteté parfaite en imitation du Christ et pour le « Royaume des cieux », c'est-à-dire la vie éternelle, elle a aussi toujours combattu les extrémistes qui voulaient condamner le mariage. Le mariage est pour elle un sacrement, c'est-à-dire un lien sacré engagé devant Dieu et symbolisant l'union du Christ et de l'Église. Penser que l'Église condamne absolument tout lien charnel est tout simplement un contresens.

Mais un autre facteur, moins heureux, a joué lui aussi et explique que l'on ait associé le christianisme au mépris du corps. En Orient, un certain platonisme a pénétré la théologie et exalté le spirituel au détriment du charnel. En Occident, il est lié à l'influence de saint Augustin, qui avait longtemps connu les péchés de la chair au cours de son difficile itinéraire de conversion et en était venu à voir dans le désir sexuel le symbole même de notre péché. Devant ce désir, l'homme reste très faible et sa pulsion est constante. Une tradition spirituelle et culturelle en est ainsi venue, de manière quelque peu obsessionnelle, à concevoir le péché de la chair comme le péché principal, alors que le péché principal de l'homme, aux yeux d'Augustin lui-même, s'appelle l'égoïsme, l'orgueil, le mensonge et la volonté de puissance. La femme a été alors considérée comme la tentatrice par excellence, à l'image d'Ève. D'où cette étiquette trop longtemps collée au catholicisme d'être un rabat-joie, de mépriser les biens du monde et les joies du corps. Les chrétiens ne seraient pas des bons vivants, ils refuseraient toutes les joies de la vie telle qu'elle est.

Bien plus tard, le jansénisme, une tendance très rigoriste du christianisme que l'Église refusera, exploitera les textes les plus sévères d'Augustin sur la « concupiscence », c'est-à-dire le désordre de nos désirs. La mentalité janséniste imprégnera durablement le catholicisme français. Le sexe devient alors le tabou par excellence et cela s'est retrouvé dans une certaine forme de morale bourgeoise. Une rectification s'imposait. Aussi l'Église du XXe siècle a-t-elle remis à l'honneur le sens chrétien du mariage.

Mais le mouvement de balancier va à son tour à l'autre extrême : on parle sans doute trop de nos jours de permissivité. On prône certaines pratiques peu respectueuses de la noblesse et de la vraie dynamique des corps. On observe un affaiblissement du sens de la fidélité et de l'engagement ; le corps devient l'objet d'un culte. Pourtant, la transgression, parfois élevée au rang de modèle, ne fait pas le bonheur. Aussi aujourd'hui le christianisme cherche-t-il un équilibre. Il refuse de considérer le sexe comme un tabou, mais il en appelle au respect des corps, car notre salut passe bien aussi par notre réalité charnelle dont la vocation est d'aimer.

Chapitre 3

PEUT-ON FAIRE CONFIANCE À LA BIBLE ?

– *Ce que vous dites suppose que nous puissions faire confiance aux évangiles et à la Bible en général. Cependant le* DaVinci code *nous dit que la Bible a été collationnée par Constantin, au* IVe *siècle, et qu'elle a été l'objet de grandes manipulations !*

– C'est de la pure invention romanesque ! Dan Brown fait dialoguer deux prétendus historiens, sûrs de leurs faits et de leurs sources, qui jugent supérieurement de tout. Ils invoquent des « preuves historiques substantielles », tant sur la paternité de Jésus que sur la généalogie de sa lignée. Tout cela n'a rien à voir avec la vérité historique.

La Bible serait une opération politique commandée et financée par l'empereur Constantin, le premier empereur romain à être passé au christianisme au début du IVe siècle. Elle serait remplie d'anciens mythes païens plus ou moins « christianisés ». C'est Constantin qui aurait fait passer les chrétiens du repos juif du sabbat au culte de la messe du dimanche (alors que la liturgie dominicale est attestée dès le début du IIe siècle). L'idée de l'hérésie, c'est-à-dire d'une dissidence dans la doctrine chrétienne, daterait de ce temps. Bref, le christianisme serait un pur « constantinisme ».

Comme toujours il y a dans ces affirmations des parcelles de vérité. Il est évident que « la Bible n'a pas été transmise par Fax céleste ». Mais quel est le chrétien qui le soutient ? Il est vrai aussi que l'on peut parler d'un « tournant constantinien » dans la vie et l'organisation de l'Église. Mais celui-ci n'a rien à voir avec la constitution de la Bible.

– *Mais alors, comment la Bible a-t-elle été faite ?*

– La Bible n'est pas un livre mais une grande bibliothèque, une série de livres, dans laquelle les chrétiens distinguent l'Ancien et le Nouveau Testament. Le premier constitue la Bible juive. Elle est antérieure à la venue du Christ. Le second rapporte les événements de la vie de

Jésus, sa mort, sa résurrection et les débuts de la vie de l'Église. Ses petits livres, en particulier les épîtres de saint Paul, sont déjà remplis de développements théologiques et donnent une interprétation de la personne de Jésus et du salut qu'il est venu apporter.

Une chose est certaine : aucun document de l'histoire de l'humanité n'a fait l'objet d'analyses et d'enquêtes critiques aussi précises, aussi rigoureuses que la Bible. Cette attitude critique a commencé dès le XVIIe siècle avec des auteurs comme Richard Simon et Jean Astruc. Elle est devenue encore plus rigoureuse et plus « soupçonneuse » au XIXe siècle, avec toutes les recherches sur la vie de Jésus. Elle s'est encore développée au XXe siècle avec ce que l'on a pu appeler trois manières successives de poser la question du Jésus historique, chacune d'entre elles renouvelant l'analyse des textes et les méthodes d'enquête. La Bible est l'objet d'une recherche et d'un débat constant entre les savants. Je ne peux entrer dans le détail des résultats, tout est loin d'ailleurs d'être résolu et la science d'aujourd'hui est de plus en plus modeste. C'est même une sorte de miracle que les textes aient finalement si bien résisté aux analyses. Celles-ci ne les ont pas mis en petits morceaux et n'ont pas découvert de contradictions par rapport à leur situation historique.

Bien entendu, la Bible n'est pas tombée du ciel toute faite. Elle a eu des auteurs humains, comme tout autre livre. Car le propre de la révélation judéo-chrétienne est de reconnaître que la Parole de Dieu passe toujours par la médiation d'une parole humaine. Ces auteurs humains écrivent avec les ressources de leur génie personnel (ou de leur absence de génie) et de la culture et des connaissances de leur temps. Aujourd'hui on se fait une idée plus exacte du « genre littéraire » propre aux différents livres et de la manière dont ils ont pu être composés. La Bible est la rédaction progressive de la mémoire et de la foi du peuple juif d'abord et de l'Église chrétienne ensuite.

Certains auteurs sont des poètes, comme Isaïe, les rédacteurs des *Psaumes* ou du *Cantique des cantiques* ; d'autres racontent volontairement des récits fictifs à thème (comme le livre de *Job*, ou celui de *Jonas*). La Bible n'hésite pas non plus à adopter le genre littéraire du *mythe*, entendu ici au sens positif, c'est-à-dire d'un récit imaginaire situé dans un monde où Dieu et les hommes se rencontreraient immédiatement, en vue d'apporter un enseignement sur le sens de notre vie. Les tout premiers chapitres de la *Genèse* sont de ce type. Par hypothèse, il ne pouvait y avoir de témoin humain lors de la création du monde ! Les deux récits de la *Genèse*, d'ailleurs différents, sur la création, le paradis et la chute ne nous racontent pas des événements précis qui seraient arrivés dans notre espace et notre temps. Ce sont des scénarios qui nous apprennent que ce monde a été créé « très bon » par Dieu, en toute liberté, pour en faire le séjour de l'homme et que le mal que nous y voyons n'est pas le fait de Dieu mais d'une mystérieuse responsabilité de l'homme. La vérité de ces récits réside dans ce qu'ils nous apprennent sur le dessein de Dieu envers l'humanité. Ils n'ont aucune prétention scientifique. Il n'y a donc pas à vouloir faire concorder cet enseignement avec les données de la science, comme on a voulu le faire au XIXe siècle. Il s'agit de tout autre chose. Il est par exemple inutile de chercher à situer l'Adam de la *Genèse* dans le processus d'hominisation et le schéma de l'évolution. Cela n'aurait aucun sens. Le mythe intervient là où précisément aucun autre genre littéraire ne peut fonctionner. Si l'on voit les choses ainsi, il ne peut y avoir aucune opposition entre la science et la foi.

D'autres auteurs de la Bible cherchent à faire une œuvre historique, au sens que l'histoire pouvait avoir à l'époque antique (avant et après Jésus-Christ). Leurs récits ne sont pas une photographie des événements, mais ils sont écrits avec une intention religieuse. Ils constituent une sorte de prisme, qui a sa propre épaisseur et met davantage en valeur certaines formes ou certaines couleurs. Le livre de l'*Exode* par exemple n'hésite pas à donner à l'histoire de la libération des Hébreux de la servitude d'Égypte les couleurs d'une épopée, tant leur foi a convaincu les rédacteurs que Dieu est intervenu dans leur histoire, que Dieu s'est approché d'eux, parce qu'il s'intéresse à eux et qu'ils « ont du prix à ses yeux ».

– *Comment la Bible a-t-elle donc été « collationnée » ?*

– L'affirmation de Dan Brown : « La Bible, telle que nous la connaissons aujourd'hui, a été collationnée par un païen, l'empereur Constantin le Grand », est donc un contresens énorme au plan de l'histoire. L'Ancien Testament, rédigé à des époques différentes, mais toujours avant la venue du Christ, avait déjà fait l'objet de la reconnaissance d'un double « canon » de la part des Juifs. Le canon est la règle officielle établie qui donne la liste des livres appartenant à la Bible. Il y avait le canon dit hébraïque, plus restreint par rapport au canon dit hellénistique, qui inclut des livres écrits en grec. Ce canon est celui de la *Septante*, première traduction grecque de l'Ancien Testament, faite avant l'ère chrétienne. Le christianisme ancien a repris le canon grec.

Quant au Nouveau Testament, sa « collation », c'est-à-dire la fixation de la liste de ses livres reconnus, a été à la fois bien antérieure à Constantin, puisqu'un homme comme Irénée, à la fin du IIe siècle, est le témoin de la reconnaissance de presque tous ses livres, et postérieur à Constantin en raison de certaines hésitations concernant deux ou trois écrits et du fait que les listes exhaustives sont plus tardives. Les raisons qui ont présidé au choix des livres retenus dans le canon peuvent être ramenées à trois : leur lien à l'époque des apôtres de Jésus, leur authenticité doctrinale et le fait qu'ils étaient déjà lus et reconnus dans beaucoup d'Églises. Mais ce travail de discernement est en toute hypothèse antérieur à Constantin.

– *Revenons aux évangiles. Vous avez reproché à Dan Brown de mélanger l'histoire et la fiction. N'en va-t-il pas de même pour les évangiles ? Tout ce qu'ils nous racontent ne peut pas être considéré comme historiquement avéré...*

– À propos des évangiles, il convient de distinguer ce qui est de l'ordre de l'histoire et ce qui relève de la foi. Les évangiles se présentent eux-mêmes comme des témoignages de foi : ils ont été écrits pour que leurs lecteurs en viennent à croire en la personne de Jésus, Christ, Sauveur et Fils de Dieu envoyé aux hommes. Mais puisque Jésus est entré dans notre histoire, qu'il est né, qu'il a vécu et qu'il est mort, le témoignage de foi prend la forme d'un récit de ce qu'il a vécu, de ce qu'il a fait et de ce qu'il a subi. La question que nous nous posons aussitôt est celle de la valeur historique de ces récits : peut-on leur faire confiance, ou sont-ils le fruit d'une « propagande » ou d'un « prosélytisme » ?

La réponse à cette question fait continuellement l'objet de nouvelles enquêtes : par exemple, les paroles mises dans la bouche de Jésus sont-elles bien de lui, ou le fait des rédacteurs des évangiles ? Un certain nombre de critères ont été mis en œuvre à ce sujet : quand une parole de Jésus risque de le desservir au regard de la loi juive, il y a là un signe qu'elle n'a pas été inventée. Ou encore pourquoi les évangélistes ont-ils raconté avec tant de détails la Passion de Jésus et sa mort en croix, qui était considérée, tant par les Juifs que par les païens, comme une horreur scandaleuse, et une ignominie absolument incompatible avec la proposition d'un Sauveur ? L'insistance sur la souffrance de Jésus donne complètement tort à Dan Brown qui prétend que les évangiles ont passé sous silence les aspects humains de sa vie. Pourquoi les évangélistes ont-ils donné des apôtres de Jésus une image aussi peu flatteuse de gens un peu bornés qui ne comprenaient apparemment rien à rien, qui n'arrivaient pas à croire et qui ont pris la fuite au moment de la Passion ? Même si le plein accord n'existe pas sur tous les points, un certain nombre de certitudes émerge progressivement. La multiplicité des critères employés montre que les récits sont bien originaires du Ier siècle – pour les derniers du début du IIe –

et qu'ils ne constituent en rien des faux tardifs. À l'opposé, il est absurde de prétendre que la source évangélique dite Q peut avoir été écrite de la main de Jésus (p. 320 [1]).

Cela dit, il faut distinguer ce qui dans les évangiles peut être rejoint par l'histoire et ce qui ne peut être reçu que dans la foi. Un certain nombre de données peuvent être confirmées par la pure méthode historique : l'existence de Jésus, son baptême par Jean, son activité de prédicateur et de thaumaturge ou « guérisseur », le choix de ses disciples, ses diverses prétentions (corriger la loi de Moïse, pardonner les péchés, invitation à se situer devant lui comme devant Dieu, enfin sa prétention à une relation unique avec Dieu en tant qu'il est le Fils par excellence), sa Passion sous Ponce Pilate et sa mort en croix. Tout cela n'égale pas, évidemment, tout ce que la foi chrétienne dit du Christ. C'est seulement par la foi que nous pouvons reconnaître sa résurrection, même si des témoignages historiquement sérieux en sont donnés. C'est seule-

1. La pagination renvoie à l'édition française du *Da Vinci code*, trad. Daniel Roche, Paris, J.-C. Lattès, 2004.

ment par la foi que nous pouvons discerner, à partir de ses paroles et de ses comportements, s'il est vraiment le Messie promis et le Fils de Dieu. Par hypothèse cela dépasse la simple preuve historique, parce qu'il s'agit d'une rencontre personnelle, analogue à une rencontre amoureuse. Un amour doit sans doute avoir un fondement sérieux, mais on ne « prouve » pas un amour. La seule question importante est de savoir si ce que nous savons par l'histoire est cohérent avec ce que la foi nous propose : le témoignage historique est-il une base sérieuse pour l'adhésion de foi ?

Une chose reste certaine, les évangiles sont un témoignage public et ne cachent aucun secret. L'ésotérisme dont nous avons parlé leur est complètement étranger.

– *Pourquoi ne m'avez-vous pas encore parlé des évangiles apocryphes ?*

– On appelle depuis le IIIe siècle évangiles apocryphes, c'est-à-dire cachés ou secrets, des textes qui se présentent comme des évangiles, mais qui n'ont pas été retenus dans le « canon » des Écritures chrétiennes officielles dont nous avons parlé, et dans lesquelles l'Église a reconnu l'attestation de la parole de Dieu. Pourquoi cette exclusion ? Soit parce que ces textes étaient sujets à caution au plan de la doctrine et de l'histoire, soit parce qu'ils étaient trop tardifs et ne pouvaient prétendre remonter à l'époque des apôtres. Ces livres sont en effet souvent envahis par des éléments légendaires et ils veulent satisfaire la curiosité de leurs lecteurs, en bouchant les trous de ce que disent les évangiles « canoniques » sur la vie de Jésus. Leur ton est sensiblement différent de la grande discrétion des vrais évangiles, notamment pour les récits de l'enfance de Jésus.

Aujourd'hui ces évangiles apocryphes sont l'objet d'un nouvel intérêt. D'une part la presse à sensation en brandit l'un ou l'autre périodiquement, en particulier l'*Évangile selon Thomas*, en prétendant qu'il s'agit d'une trouvaille toute nouvelle qui « change tout » à notre connaissance des origines chrétiennes et nous permet d'accéder à des secrets cachés jusqu'ici par l'Église. On retrouve alors une des thèses du *Da Vinci code.* Mais la recherche scientifique analyse aussi ces textes avec précision et rigueur pour déterminer leur degré de crédibilité, leur intérêt doctrinal propre, les données historiques qui peuvent s'y trouver, en les distinguant bien des caractères légendaires. De toute façon les biblistes et les savants chrétiens connaissent ces textes parfaitement.

On connaissait même depuis longtemps un certain nombre d'évangiles apocryphes, mais notre connaissance s'est considérablement enrichie par la découverte en 1945 à Nag Hamadi en Égypte d'une bibliothèque gnostique datant du IVe siècle. Certains de ces évangiles s'intéressent à Marie-Madeleine. Ils sont les témoins de l'existence à cette époque d'une gnose chrétienne.

– *Qu'est-ce que c'est donc que la gnose ? On en reparle beaucoup aujourd'hui.*

– La gnose, du terme grec *gnôsis* qui veut dire connaissance, est une discipline religieuse ésotérique, c'est-à-dire réservée à des privilégiés, qui propose à ses adeptes, bénéficiaires d'une révélation secrète, le salut par la voie de la connaissance. La gnose représente une tentation constante de l'esprit humain et on la retrouve aujourd'hui sous d'autres formes. C'est pourquoi on a pu parler de « gnose éternelle ».

On appelle plus précisément *gnosticisme* le

vaste mouvement religieux qui s'est développé aux IIe et IIIe siècles dans le climat des origines chrétiennes et qui brode hardiment sur les textes bibliques. Ses adeptes seront les premiers « hérétiques » chrétiens, car leurs doctrines contredisent des éléments essentiels au christianisme. C'est ainsi qu'ils estimaient que notre monde cosmique et charnel est mauvais et que les « spirituels » doivent s'en évader le plus possible.

J'entre ici dans un plus grand détail, car cela sera important pour comprendre ce que les évangiles gnostiques disent de Jésus et de Marie-Madeleine. Cette religion élitiste comprend, dans sa version du gnostique Valentin, la révélation d'un *plérôme*, c'est-à-dire d'un monde plein de dieux. Celui-ci est constitué par une émanation de trente principes (ou *éons*, *êtres*), qui se reproduisent à partir d'un couple originel, à la fois masculin et féminin, selon une série de nouveaux couples toujours masculins et féminins. Notre monde est le fruit d'une chute qui s'est accomplie au niveau du dernier principe féminin, *Sophia*, ou Sagesse, qui s'est trouvée expulsée du plérôme. Ce n'est donc pas un hasard si l'héroïne de Dan Brown s'appelle

Sophie. Ce monde matériel est donc radicalement mauvais. Mais un peu d'Esprit divin a pu aussi y descendre et se répandre sur quelques privilégiés, les « spirituels ». En effet, l'humanité est répartie en trois catégories, indépendamment de la liberté et des actes bons ou mauvais de chacun : les *matériels* définitivement condamnés, les *psychiques* qui ne jouiront que d'un salut « intermédiaire », et les *spirituels* qui peuvent bénéficier d'un vrai salut, c'est-à-dire d'un retour à la source divine.

– *Que disent donc les apocryphes sur Marie-Madeleine ?*

– Certains apocryphes (*Évangile selon Thomas*, *Sophia*, *Pistis-Sophia*, *Évangile de Marie*, cette Marie étant Marie-Madeleine) mettent en scène Marie-Madeleine comme un personnage important, qui pose des questions à Jésus et est considérée comme la garante de la révélation. Elle est la disciple privilégiée, revêtue d'autorité et qui s'oppose même à Pierre, le « rocher » sur lequel l'Église est fondée. Elle intervient sur un pied d'égalité avec les hommes. Tout ceci est une amplification du rôle de Marie qui, au matin de la résurrection, est envoyée en mission vers les apôtres par le ressuscité. Ce rôle s'inscrit dans la vision gnostique du rapport masculin-féminin que nous avons vu fonctionner dans le plérôme. Cette Marie-Madeleine est déjà par son comportement une héroïne du féminisme contemporain.

Dans l'*Évangile selon Philippe*, découvert à Nag Hamadi où la tendance gnostique est manifeste, Marie-Madeleine est présentée comme la compagne de Jésus. Il est ainsi écrit : « Le Seigneur aimait Marie plus que tous ses disciples, et il l'embrassait souvent sur la bouche. Les autres disciples le virent aimant Marie, ils lui dirent : "Pourquoi l'aimes-tu plus que nous tous ?" » (Sentence 55, texte cité par Dan Brown, p. 308). La conclusion est rapidement tirée par l'auteur du *Da Vinci code* : à l'évidence, Marie était l'épouse de Jésus.

Il convient cependant de préciser certains points. Ce document est bien plus tardif que nos évangiles (tout au plus le IIIe siècle) et ce témoignage reste isolé dans l'ensemble de la littérature apocryphe – on ne peut donc pas parler d'une vérité historique qui aurait été refoulée par la grande Église. Il s'agit, en réalité, d'une construction religieuse qui introduit le couple de Jésus et de Marie-Madeleine dans la suite des émanations du plérôme où chaque principe masculin est associé à un principe féminin. Cet évangile dépend de la construction du gnostique Valentin. Jésus et Marie-Madeleine, elle-même identifiée à la *Sophia* (Sagesse et Sophie), deviennent donc un couple gnostique uni par un mariage spirituel, qu'une autre sentence (122) oppose au mariage charnel.

Voilà pourquoi le Sauveur aime Marie-Madeleine plus que les autres. N'oublions pas que la doctrine gnostique dévalorise le monde charnel. Le baiser n'est rien d'autre que le symbole de noces mystiques qui passent par le souffle qui permet le transfert initiatique. De même que l'humanité a été créée par le don du souffle de Dieu sur la terre modelée, de même qu'elle est à la fois homme et femme dès l'origine, de même que Jésus a soufflé le Saint-Esprit sur ses apôtres, de même le salut passe-t-il par le couple d'un sauveur uni à son *alter ego*, une femme déifiée à la manière des principes du plérôme.

Cette construction religieuse et non historique nous est profondément étrangère et nous serions loin de l'accepter. Mais c'est à partir d'elle que nous devons interpréter ces textes, sans projeter aussitôt sur eux les représentations sexuelles qui sont celles de notre monde.

Chapitre 4

JÉSUS ÉTAIT-IL LE FILS DE DIEU ?

– Dan Brown dit très clairement que Jésus n'était aux yeux des chrétiens dans les premiers siècles qu'un prophète et que c'est Constantin qui l'a fait déclarer Dieu.

Je vous cite quelques-unes de ses formules concernant le concile de Nicée en 325 : « Au cours de ce concile œcuménique, on a débattu et voté sur de nombreux aspects du christianisme [...] et, bien entendu, la divinité de Jésus. [...] Jésus n'était jusqu'alors considéré que comme un prophète mortel – un homme exceptionnel en tous points, certes – mais mortel. »

On ne le prenait donc pas auparavant pour le Fils de Dieu : « C'est justement le concile de Nicée qui l'a déclaré tel après un vote ».

Dan Brown surenchérit : « – Et qui plus est, un vote assez serré. Mais la question était cruciale pour l'unification de l'Empire romain [...]. Un Jésus divin transcendait la réalité du monde humain [...]. On intimidait les païens récalcitrants, tout en signifiant aux chrétiens qu'ils n'obtiendraient leur salut que par l'obédience à l'Église catholique romaine» (p. 291-292).

– C'est une simplification historique qui touche à la falsification. D'ailleurs Dan Brown justifie son affirmation et généralise : « Une grande partie de ce que l'Église nous a enseigné – et nous enseigne encore – sur Jésus est tout simplement faux» (p. 294). La divinité de Jésus, ce serait le « coup de pouce chrétien » par lequel l'Église a « volé » aux premiers chrétiens le prophète Jésus, qui n'était qu'un homme. Mais Dan Brown nous rassure en nous disant que les chevaliers du Graal allaient bientôt nous révéler toute « la vérité sur Jésus » (p. 334) ! La jeune Sophie, l'héroïne du livre, et le lecteur, qui croyaient encore naïvement que la divinité du Christ avait été proclamée par les apôtres et les premiers chrétiens, savent désormais à quoi s'en tenir : il s'agit d'une entreprise de manipulation.

Mais selon la méthode généralement employée dans l'ensemble de l'ouvrage, le vrai et le faux sont intimement mêlés. Il faut donc distinguer ici ce qui est vrai, ce qui est anachronique et ce qui est faux.

– *Il y a donc du vrai ?*

– Oui. Le concile, c'est-à-dire une assemblée générale d'évêques venant du monde entier, s'est effectivement tenu à Nicée en 325 à la demande de Constantin. Il avait pour but de refaire l'unité religieuse de son empire, mise en péril en raison de la crise provoquée par un prêtre appelé Arius. La crise portait effectivement sur la divinité du Christ. Arius tenait que le Verbe de Dieu incarné en Jésus n'était qu'une créature spirituelle de Dieu, un être infiniment supérieur à nous, mais au regard de Dieu seulement une créature.

Ce qui est vrai aussi – et c'est très important, sinon on ferait de lui une sorte de personnage mythique –, c'est que Jésus était vraiment un homme comme chacun d'entre nous. L'auteur du *Da Vinci code* se permet même de reconnaître qu'il était « certainement un grand homme » et qu'il ne faut rien retirer à la beauté de sa vie et à la force de son message (p. 292).

Ce qui est anachronique, c'est l'expression « Église catholique romaine » qui n'existait pas à cette époque et n'est employée que depuis le temps de la Réforme, au XVIe siècle. Dan Brown parle aussi du « Vatican » comme si le siège central de l'Église y était déjà organisé. Or, si Constantin a bien bâti une première basilique sur la colline du Vatican, au-dessus du cimetière où l'apôtre Pierre était enterré, les grandes constructions actuelles du Vatican ne datent que du XVIe siècle et le pape ne s'y est même installé qu'après la prise de Rome par l'armée italienne au XIXe siècle, en 1870. L'organisation de l'administration de l'Église fut très progressive et elle n'existait pratiquement pas à l'époque de l'Église des martyrs avant la conversion de l'Empire romain au christianisme. Le concile de Nicée ne s'est pas réuni de la même manière que le concile de Vatican II.

Maintenant, ce qui est manifestement faux, c'est de prétendre que la divinité de Jésus a été votée au concile de Nicée à la demande de Constantin, et, qui plus est, votée à une faible majorité. En réalité, sur le nombre de deux cent cinquante à trois cents Pères qui siégeaient au concile, seuls dix-sept s'opposèrent à la formule adoptée, affirmant que le Fils est « consubstantiel au Père ».

Mais revenons aux débuts du christianisme, car c'est indispensable pour comprendre la chose. Ce sont les apôtres de Jésus et les tout premiers chrétiens qui ont reconnu Jésus à la fois comme le Messie promis et comme le Fils de Dieu. Jésus avait revendiqué pendant toute sa vie une relation privilégiée avec Dieu qu'il appelait son Père (Matthieu 11,27). À l'heure de l'agonie, Jésus dit « Abba ! », ce qui signifie très exactement « Papa ! » (Marc 14,36). De leur côté les apôtres, dès avant la résurrection, le considéraient comme un prophète, mais pas un prophète comme les autres. Il était pour eux le dernier des prophètes, le prophète définitif et absolu qui révèle et accomplit le dessein de Dieu de manière totale, bref le Messie ou le Christ. Les deux mots disent la même chose, l'un en hébreu et l'autre en grec : Jésus est oint, c'est-à-dire consacré par Dieu pour être son envoyé définitif auprès des hommes.

Cette « prétention » semblait être contredite par sa mort en croix ; mais elle s'est trouvée confirmée par sa résurrection. Dieu le Père révèle alors qu'il était du côté de Jésus et non du côté de ceux qui l'ont condamné et il le reconnaît de manière éclatante pour son Fils.

La rédaction des évangiles va se faire à la lumière de la résurrection, pour montrer que Jésus était déjà celui que sa résurrection a manifesté, à savoir le Fils de Dieu. Cela est également dit par saint Paul, l'auteur le plus ancien du Nouveau Testament. Car après la résurrection les apôtres de Jésus ont réfléchi avec une précision de plus en plus grande sur le sens exact et le contenu de sa divinité. Le terme de Fils est un terme d'origine et pose la question de savoir qui était ce Fils au regard de Dieu avant son incarnation. La réponse est claire : en Jésus, Dieu ne s'est pas donné un fils, il nous a envoyé son propre Fils. Saint Paul dit ainsi que le « Christ Jésus, étant de condition divine, n'a pas usé de son droit d'être traité comme un Dieu, mais il s'est dépouillé prenant la forme d'esclave » (Épître *aux Philippiens* 2,6-7). Les autres épîtres pauliniennes développent la même idée de la manière la plus ferme ; la lettre envoyée *aux Colossiens* (1,15-20) parle de la primauté de l'action du Christ en notre faveur : il est à la fois le créateur du monde et notre sauveur. L'Épître *aux Éphésiens* va jusqu'à dire que, dès avant la création du monde, nous sommes l'objet d'un choix d'amour par Dieu, qui fait de nous des fils adoptifs à l'image du Christ, son propre Fils (1,3-14). La méditation plus tardive de saint Jean nous propose un Jésus revendiquant fortement devant les Juifs son égalité avec Dieu au grand scandale de ceux qui l'écoutent en lui reprochant de « se faire Dieu » (Jean 10,33). Le dernier mot du Nouveau Testament se trouve dans le prologue de Jean, dans cette parole sur laquelle nous avons déjà réfléchi : l'homme Jésus n'est personne d'autre que « le Verbe fait chair » (Jean 1,14).

La confession de la divinité du Christ est liée à la foi en un Dieu en trois personnes, le Père, le Fils et le Saint-Esprit, qui appartient au *Credo*, c'est-à-dire à la formule brève de la foi chrétienne, depuis le IIe siècle, donc bien avant Nicée. On peut ne pas adhérer à cette foi des premiers chrétiens, on peut ne pas admettre leur argumentation. Mais, selon les témoignages historiques, on ne peut pas nier que telle fut leur foi.

– *Vous m'avez pourtant bien dit qu'il y avait au temps de Nicée une crise au sujet de la divinité du Christ ?*

– C'est en raison de cette crise que s'est tenu

le concile. Il s'agissait de savoir comment cette divinité, qui avait été jusqu'alors affirmée en des termes liés à la mentalité sémitique ou juive, mentalité des tout premiers chrétiens, devait être comprise et en particulier traduite dans le vocabulaire des Grecs, puisque l'Église chrétienne s'était répandue massivement dans le monde grec. Cela n'allait pas de soi. Comme les Juifs, les penseurs grecs tenaient beaucoup à l'unicité de Dieu. Dieu ne peut être qu'unique : il ne peut donc pas avoir un Fils, sous peine d'un retour à la mythologie des païens. Arius crut bien faire en adaptant la foi chrétienne aux exigences de la pensée grecque. Il affirmait ainsi que le Christ était bien Dieu pour nous, c'est-à-dire un être transcendant par rapport à nous et qui venait bien de Dieu, mais qu'il n'était pas Dieu au regard du Dieu unique. Il n'était qu'une créature spirituelle, plus élevée que les anges.

Arius essayait de réconcilier sa foi avec la culture de son temps. Mais il le faisait mal, en sacrifiant l'affirmation essentielle de la divinité du Christ, acquise depuis longtemps. Ce fut si vrai que sa prédication provoqua une petite révolution dans sa paroisse du port d'Alexandrie. Cela nous semble aujourd'hui incroyable, mais les marins du port discutaient entre eux autour d'une formule d'Arius disant qu'« il y eut un temps où le Fils n'était pas », c'est-à-dire qu'il n'aurait pas été éternel et égal au Père : il lui aurait été inférieur.

Tel est l'objet du débat de Nicée. Les évêques de l'Orient et de l'Occident, rassemblés pour la première fois et représentant toute l'Église, prirent la décision d'ajouter au texte traditionnel, déjà en usage, du *Credo*, « engendré du Père, unique engendré, Dieu né de Dieu, lumière née de la lumière », des formules nouvelles : « c'est-à-dire de la substance du Père, consubstantiel au Père ». Le Fils est un seul être avec le Père. Les premières expressions sont plus bibliques, les secondes viennent de la philosophie grecque. Les secondes traduisent les premières en les interprétant selon leur sens vrai : le Christ est Dieu au même titre que le Père lui-même est Dieu. Le rôle de Constantin n'était pas ici doctrinal : ce qu'il voulait avant tout, c'est que la division cesse entre chrétiens, et que les évêques parviennent à un accord, parce que cette crise portait en elle le risque politique d'une déstabilisation de son empire. La majorité de ce vote fut écrasante, pour la bonne raison que les conciles visent toujours à obtenir l'unanimité morale.

Il est vrai que la formule de Nicée fut discutée par la suite, que certains évêques changèrent d'avis et que la crise inaugurée alors demandera près d'un demi-siècle pour se résoudre. Dans les fluctuations du conflit, Constantin et ses fils chercheront successivement à imposer à tous les chrétiens la position doctrinale qui leur semblait majoritaire à un moment donné, c'est-à-dire qui avait le plus de chances de restaurer l'unité politique de l'Église et de l'Empire. Le contenu doctrinal leur importait peu. C'est pourquoi leur position variera au cours des années et ils iront même jusqu'à soutenir à certains moments la position arienne. La divinité du Christ ne doit vraiment rien à Constantin.

– *La divinité de Jésus, est-ce si important ? Ne nous suffit-il pas qu'il soit un homme admirable ?*

– Si ce n'était pas capital, tous ces débats douloureux n'auraient pas eu lieu. Il s'agit du cœur de la foi chrétienne. Ou bien Jésus n'est qu'un homme, certes admirable et exceptionnel, mais alors le témoignage de son existence n'a qu'une valeur humaine. Souvent d'ailleurs, ceux qui, tel Renan ou l'auteur du *Da Vinci code*, reconnaissent sa grandeur humaine ne le louent que pour le rabaisser à la simple dimension humaine. C'est pour cela que Dan Brown insiste tant sur le mariage de Jésus : un Jésus marié avec enfants ne pourrait plus à ses yeux être le Fils de Dieu. Au contraire, si Jésus est le Fils envoyé par Dieu lui-même pour partager notre condition d'hommes, cela change tout. Lors de l'agonie, des outrages de la Passion et dans le supplice de la croix, c'est Dieu lui-même qui est là, un Dieu qui s'est fait véritablement homme pour communier à nos propres souffrances. Notre Dieu est un Dieu crucifié : au regard des innombrables souffrances que l'humanité a connues au cours de son histoire, cela est décisif. Personne ne peut prétendre que les évangiles ont caché ces aspects proprement humains de son existence : la Passion est l'événement raconté par les évangiles avec le plus de détails.

Un jour dans un camp de concentration nazi, les SS ont pendu un jeune homme devant tous les détenus rassemblés. L'un demande à son voisin en chuchotant : « – Où est donc Dieu dans cette atrocité ? » L'autre lui répond : « – Il est là, pendu à la potence. »

Chapitre 5

L'ÉGLISE N'A-T-ELLE FAIT QUE FABRIQUER DES MENSONGES ?

– *L'Église n'a-t-elle pas trahi le bel exemple donné par le Christ pour devenir finalement une institution de pouvoir et de mensonge ? On dit souvent : « Jésus oui, mais l'Église non ! »*

– Il s'agit là de la thèse discrète de Dan Brown, jamais développée pour elle-même, mais instillée par petites touches. L'Église, c'est-à-dire pour lui « le Vatican », n'en est pas à un meurtre près. Il n'y a donc rien d'étonnant à ce qu'elle télécommande l'assassinat des membres du « Prieuré de Sion ». Mais l'accusation la plus répétitive portée dans le roman contre l'Église est celle de mensonge. Déjà, « le Nouveau Testament n'est qu'un tissu de faux témoignages » (p. 427). Le Vatican reste toujours « fidèle à sa tradition de désinformation ». À propos de Jésus il est dit que « l'Église a réussi la plus grande opération de désinformation de toute l'histoire de l'humanité » (p. 312). Jésus, « le premier féministe de l'histoire », a confié l'Église à Marie-Madeleine et non à Pierre qui l'a supplantée et évincée, parce qu'il ne supportait pas d'obéir à une femme. Quant aux croisades, elles n'avaient pour but que de détruire les documents compromettants concernant Jésus, sa lignée, etc. L'Église est une vaste entreprise de mensonge, pire, elle ne vit que pour empêcher la vérité d'apparaître.

– *Reconnaissez tout de même que l'Église n'a pas été exempte de faute ou de « péché » au cours de son histoire.*

– Seul le Christ a pu dire sans craindre d'être confondu : « Qui de vous me convaincra de péché ? » (Jean 8,46). L'Église est faite d'hommes pécheurs, qui se sont certes convertis à la foi, mais qui ne sont nullement au-dessus du péché. C'est le paradoxe de l'Église de prétendre à être « sainte » et de donner un visage toujours mélangé de sainteté et de péché. L'Église est sainte en tant qu'elle a reçu mission de témoigner de l'Évangile qui est saint par excellence, mission de donner les sacrements, par exemple le baptême et la confirmation, qui sont la perpétuation sous forme rituelle des gestes de salut accomplis par le Christ, et mission de conduire l'humanité au salut que nous donne le Christ. Le salut, c'est la plénitude d'une vie d'amour, définitive et totalement heureuse. Le salut, c'est notre bonheur, mais pas un faux bonheur qui dérape parce qu'il s'investit dans des jouissances immédiates et matérielles. Notre vrai bonheur ne peut se trouver que dans une vie de communion avec Dieu. Il va au-delà des limites de notre vie terrestre et nous ne pouvons pas nous le procurer par nos propres forces. Nous ne pouvons que le recevoir de la sainteté de Dieu. L'Église a la conviction qu'elle a reçu les promesses de cette vie de bonheur éternel, qui est le don de Dieu et du Christ. Elle croit que les forces du mal ne prendront jamais le dessus contre elle (Matthieu 16,18).

Mais l'Église est aussi faite d'hommes pécheurs qui restent toujours en devenir de conversion à la sainteté et qui ne sont jamais totalement à la hauteur de ce dont ils témoignent. On peut même aller plus loin et reconnaître que le péché a gangrené parfois les institutions de l'Église. Un pape du XVIe siècle, Adrien VI, un Hollandais qui fut le dernier pape non italien avant Jean-Paul II, l'a formellement reconnu dans un aveu émouvant sur les abus de la cour romaine de son temps. Aussi bien Paul VI et surtout Jean-Paul II ont multiplié les demandes de pardon pour les fautes historiques de l'Église à l'égard des autres chrétiens qui ne sont pas catholiques et des Juifs. Reconnaître ses torts, c'est donner un témoignage parfaitement conforme à l'Évangile.

Cependant, il ne faut pas non plus être injuste à l'égard de l'Église. On oublie trop facilement non seulement les innombrables exemples de sainteté qui se sont manifestés en elle depuis les martyrs des origines jusqu'aux grands témoins de nos jours – qui sont nombreux –, mais encore les bienfaits qu'elle a apportés à notre civilisation. Le volontariat de ses fidèles a contribué, au nom de la charité, à instaurer un ordre de justice, quand la société était encore défaillante. L'Église a inventé ou développé un grand nombre de services qui sont aujourd'hui repris par la société civile. Par exemple, elle a joué un rôle capital dans le développement des hôpitaux depuis l'Antiquité jusqu'aux pays de mission, dans l'éducation depuis le Moyen Âge avec le développement des écoles. Nous oublions un peu vite l'image encore récente des religieuses dans les cliniques, les hôpitaux et les écoles. Leur dévouement était tellement acquis que les infirmières professionnelles d'aujourd'hui estiment qu'elles sont encore considérées comme corvéables à merci. Pensons aussi au rôle proprement civilisateur de l'Église dans le domaine de l'art, de la littérature, de la musique, de la peinture et de l'architecture. Ce que nous appelons aujourd'hui le « patrimoine » est largement dû dans nos pays d'Occident à l'Église.

– *Sans doute, mais vous oubliez l'Inquisition, les croisades, l'intolérance, les guerres de religion et j'en passe.*

– Je n'oublie pas ces pages sombres dans l'histoire de l'Église. Je demande seulement que l'on porte sur elles un jugement aussi objectif que possible, et que l'on ne se livre pas à des simplifications exagérées et anachroniques. Le message de l'Évangile s'est répandu en Europe dans des populations aux mœurs encore brutales et grossières. Ce n'est que progressivement qu'il a affiné les comportements. Évitons l'anachronisme de juger l'Église du passé avec tous les critères de moralité du XXIe siècle, dont la plupart sont d'ailleurs le fruit de l'action historique de cette même Église.

Il est vrai qu'il y eut, au cours de l'histoire, des périodes de recul : dans les premiers siècles, l'Église, qui se souvenait d'avoir subi longtemps la persécution, ne s'en prenait pas physiquement aux hérétiques. Ceux-ci étaient simplement mis en dehors de l'Église. Au Moyen Âge, avec l'Inquisition, on a estimé que la coercition physique était nécessaire dans le domaine de la foi, pour extirper l'hérésie et maintenir l'unité de la communauté chrétienne. On mettait donc à la « question » les suspects et on les torturait, avec l'appui du « bras séculier », c'est-à-dire du pouvoir politique, qui devait exécuter les sentences de prison ou de mort. Ces actes peuvent être considérés comme de graves péchés, qui contredisaient d'ailleurs l'affirmation doctrinale selon laquelle la foi ne peut être que libre. Mais les mœurs de l'époque acceptaient que l'on sévisse physiquement pour des raisons de foi, comme le montrent aussi les guerres de religion. Protestants et catholiques étaient même tristement d'accord sur ce point. Grâce à Dieu l'Église est parvenue à sortir de ces pratiques.

Mais on ne peut oublier pour autant que l'esprit de l'Évangile, enseigné par l'Église, a beaucoup contribué au progrès de la reconnaissance des droits de la conscience.

– *L'Église n'a-t-elle pas voulu cacher des secrets gênants, comme le dit Dan Brown ?*

– Autant il convient d'être humble et modeste devant les péchés historiques qui ont affecté la vie de l'Église, autant on peut être ferme devant l'accusation de mensonge. L'Église a toujours enseigné ce qu'elle estimait vrai au regard de sa foi. On peut certes affirmer que sur certains points secondaires elle s'est trompée. Si on n'a pas la foi, on peut même estimer qu'elle s'est trompée sur l'essentiel. Mais il est erroné et injuste de dire qu'elle a volontairement trompé ses fidèles et à travers eux l'humanité. L'Église n'a jamais voulu cacher quelque secret que ce soit. Le complot séculaire du clergé cherchant à étouffer la vérité est sans doute très dramatique pour un roman, mais c'est de l'invention pure.

– *Tout de même, l'Église n'a-t-elle pas inventé tout un tas de dogmes qui sont complètement absents des évangiles ?*

– Vous allez vite en besogne ! L'Église sait qu'elle est liée par l'enseignement contenu dans la révélation qui vient de Dieu et qui a son sommet et son achèvement dans la personne de Jésus-Christ. Celui-ci est à la fois le révélateur et le contenu de la révélation qui est attestée dans les Écritures bibliques. Elle prend fin avec la disparition de la génération des apôtres, c'est-à-dire des témoins de Jésus et l'Église ne peut plus rien y ajouter. Mais cette révélation continue à être reçue, à travers les âges et les générations, dans une tradition vivante, par des hommes cherchant des réponses à des problèmes toujours nouveaux.

Prenons une comparaison : il existe des étoiles très lointaines dont la lumière met beaucoup de temps à nous parvenir. Certaines sont éteintes comme source de lumière, mais leur lumière continue à nous éclairer. Disons que la source de la lumière de la révélation est éteinte après la disparition des témoins de Jésus-Christ, mais que de siècle en siècle sa lumière continue à nous arriver. Elle demande donc à être sans cesse comprise, c'est-à-dire interprétée et actualisée. C'est dans la régulation de cette réception et de cette interprétation que l'Église intervient par des décisions prises dans les conciles ou par des papes.

L'Église n'invente donc pas de vérités nouvelles, mais elle précise, elle explicite et applique le contenu du *Credo* et de la Bible. Ce travail est constamment à reprendre, si l'on ne veut pas que l'Évangile devienne lettre morte. C'est très exactement ce que nous avons vu à l'occasion du concile de Nicée.

– *Ce que Dan Brown écrit au sujet de l'*Opus Dei *est assez effrayant. Or ce groupe religieux est très proche du Vatican.*

– Le portrait qui est fait du religieux de l'*Opus Dei* dans le *Da Vinci code* prête à sourire tant la caricature est manifeste. Il s'agirait ainsi d'une société secrète à la solde du Vatican, entretenant des réseaux d'influence partout, obéissant à des consignes secrètes, exécutrice des basses œuvres et commanditant un moine assassin. Au dernier moment cependant, grâce à un retournement de situation imprévu, cette société secrète se trouve innocentée, de même que le Vatican. Mais ici encore le vrai est intimement mêlé au faux.

L'*Opus Dei*, c'est-à-dire « l'Œuvre de Dieu »,

a été fondé en 1928 par Mgr Escrivá de Balaguer dans l'intention d'en appeler à la sainteté au cœur du monde moderne. Cette sanctification, c'est-à-dire la communion à la sainteté et à la vie même de Dieu, doit s'opérer par et dans le travail. C'est pourquoi l'originalité de l'*Opus Dei* est de s'adresser par priorité à des laïcs qui doivent se sanctifier et sanctifier le monde dans l'exercice de leur profession. Ces laïcs appartiennent souvent à l'élite de la société, ce qui leur permet d'exercer une influence plus grande dans les différents milieux, universitaires, politiques (plusieurs ministres des gouvernements de Franco appartenaient à l'*Opus Dei*) et financiers. L'Œuvre comprend aussi des prêtres qui en assurent le gouvernement. Ce n'est pas un ordre religieux au sens classique du mot – par conséquent le moine albinos du roman est une invention – mais un institut séculier. Ses membres, qui comprennent une section masculine et une section féminine, sont répartis en différentes classes de statut différent : numéraires, agrégés, surnuméraires qui peuvent être mariés, et coopérateurs. L'Œuvre s'est répandue d'abord en Espagne avant de s'étendre dans le monde entier.

Le pape Pie XII a donné son approbation à l'Œuvre en 1950. Mais c'est sous le pontificat de Jean-Paul II que l'*Opus Dei* a connu des faveurs étonnantes : son élévation au rang de « prélature personnelle », c'est-à-dire d'un diocèse qui rassemble ses membres non pas sur la base du territoire où ils habitent, mais en fonction de leurs activités ou de leur statut. (Les militaires français appartiennent à un diocèse de ce type.) De ce fait, le supérieur général de l'Œuvre est maintenant un évêque. D'autre part, Jean-Paul II a béatifié puis canonisé dans des délais étonnamment rapides le fondateur, Mgr Escrivá de Balaguer. Il est difficile de savoir le nombre exact des membres dans le monde. L'estimation courante tourne autour de quatre-vingt mille.

L'*Opus Dei* a suscité beaucoup de critiques en raison d'un certain mystère dont il s'entoure. Ce qu'il appelle discrétion ressemble plutôt au secret. Plusieurs polémiques ont eu lieu à son sujet, en particulier à l'initiative de membres qui ont quitté l'Œuvre et se sont plaints de la manière dont ils avaient été traités. Certains évêques ont même cru devoir procéder à des mises en garde. Dan Brown évoque d'ailleurs avec précision certains de ces problèmes, en particulier la tendance « doloriste » de l'*Opus Dei*. Je ne veux pas entrer dans cette controverse. Quelque réticence que l'on puisse avoir devant certains comportements de l'Œuvre, en particulier ses manières pressantes d'agir à l'égard des jeunes, on n'a pas le droit pour autant de se livrer à la calomnie pure et à l'invention. Or c'est le cas dans ce livre qui nous fait pratiquement croire qu'un membre de l'*Opus Dei* est un *serial killer*. Ici encore le roman cherche à se faire passer pour de l'histoire au présent qui révèle au grand jour l'horreur cachée des comportements catholiques.

– *Finalement, à quoi sert l'Église ?*

– L'Église a été fondée par Jésus. Elle est la présence de l'événement du salut accompli par le Christ et devenu institution dans l'espace et le temps. Son écrasante responsabilité est de garder toujours une fidélité transparente à cet événement. Elle est là pour nous annoncer son message, parler du sens de notre vie et nous permettre de la réussir. Elle nous fait parvenir dans ses sacrements les dons qui viennent de Dieu. Elle nous offre les moyens d'accomplir notre vocation d'hommes dans l'amour de Dieu et des autres. Elle est au service de notre bonheur.

Un de ses grands mérites est de nous avoir fait sortir du paganisme dont l'éloge appuyé se trouve dans de nombreuses pages du *Da Vinci code*. Tout en reprochant à l'Église d'avoir assimilé de nombreux mythes païens, l'auteur nous propose de revenir aux conceptions païennes dans l'ordre de la sexualité et de la déification de la femme. À la lumière de l'histoire des religions, son plaidoyer pour le féminin sacré n'est pas la meilleure manière de promouvoir un vrai féminisme qui ait pour lui l'avenir.

L'auteur exprime sa dette à l'égard de deux ouvrages qui ont déjà enquêté sur le livre de Dan Brown et sur lesquels il s'est appuyé pour les données historiques :

Marie-France Etchegoin et Frédéric Lenoir, *Code Da Vinci, l'enquête*, Paris, Robert Laffont, 2004 ; Points Seuil, 2006.

Régis Burnet, *Marie-Madeleine. De la pécheresse repentie à l'épouse de Jésus*, Paris, Cerf, 2004.

TABLE

Du même auteur

L'Évangile dans l'Église
La tradition vivante de la foi
Le Centurion, 1975

Jésus-Christ à l'image des hommes
Brève enquête sur les déformations du visage de Jésus
dans l'Église et dans la société
Desclée de Brouwer, 1978, 2e éd. revue et augmentée, 1997

Jésus-Christ dans la tradition de l'Église
Pour une actualisation de la christologie de Chalcédoine
Desclée de Brouwer, 1982, 2e éd. revue,
corrigée et mise à jour, 2000

Jésus-Christ, l'unique médiateur
Essai sur la rédemption et le salut
I. Problématique et relecture doctrinale
II. Les récits du salut
Desclée de Brouwer, 1988-1991, 2e éd. corrigée
et mise à jour, 2003

Réconciliés avec le Christ
Cerf, 1988

Pour une théologie œcuménique
Église et sacrement, eucharistie et ministères, la Vierge Marie
Cerf, 1990

Pédagogie du Christ
Éléments de christologie fondamentale
Cerf, 1994

Histoire des dogmes
I. Le Dieu du salut
II. L'homme et son salut
III. Les signes du salut
IV. La parole du salut
(sous la direction de)
Desclée de Brouwer, 1994-1996

« N'ayez pas peur »
Regards sur l'Église et les ministères aujourd'hui
Desclée de Brouwer, 1997

La Résurrection et la Vie
Petite catéchèse sur les choses de la fin
Desclée de Brouwer, 1998

Rome et les Laïcs
Une nouvelle pièce au débat :
l'instruction romaine du 15 août 1997
Desclée de Brouwer, 1998

Saint Basile et la Trinité
Un acte théologique au IVe siècle
Desclée de Brouwer, 1998

Tout récapituler dans le Christ
Christologie et sotériologie d'Irénée de Lyon
Desclée de Brouwer, 2000

Croire
Invitation à la foi catholique pour les femmes
et les hommes du XXIe siècle
Droguet et Ardant, 2001

Le Magistère à l'épreuve
Autorité, vérité et liberté dans l'Église
Desclée de Brouwer, 2001

Le Christ
Hier, aujourd'hui, demain
Desclée de Brouwer, 2003

Karl Rahner
Cerf, 2003

« Hors de l'Église, pas de salut »
Histoire d'une formule et problèmes d'interprétation
Desclée de Brouwer, 2004

Marie, ce que dit la foi
Bayard, 2004

La Patience et l'Utopie
Jalons œcuméniques
Desclée de Brouwer, 2006

Dans la même série

Tahar Ben Jelloun
Le Racisme expliqué à ma fille

Régis Debray
La République expliquée à ma fille

Max Gallo
L'Amour de la France expliqué à mon fils

Sami Naïr
L'Immigration expliquée à ma fille

Jacques Duquesne
Dieu expliqué à mes petits-enfants

Jean Ziegler
La Faim dans le monde expliquée à mon fils

Lucie Aubrac
La Résistance expliquée à mes petits-enfants

Annette Wieviorka
Auschwitz expliqué à ma fille

Nicole Bacharan et Dominique Simonnet
L'Amour expliqué à nos enfants

Jacques Sémelin
La Non-violence expliquée à mes filles

Jérôme Clément
La Culture expliquée à ma fille

Roger-Pol Droit
Les Religions expliquées à ma fille

Henri Weber
La Gauche expliquée à mes filles

Jacky Mamou
L'Humanitaire expliqué à mes enfants

Jean Clottes
La Préhistoire expliquée à mes petits-enfants

Tahar Ben Jelloun
L'Islam expliqué aux enfants

Emmanuelle Huisman-Perrin
La Mort expliquée à ma fille

Patricia Lucas et Stéphane Leroy
Le Divorce expliqué à nos enfants

Roger-Pol Droit
La Philosophie expliquée à ma fille

Antoine Prost
La Grande Guerre expliquée à mon petit-fils

Michel Vovelle
La Révolution française expliquée à ma petite-fille

Réalisation : PAO Éditions du Seuil
Achevé d'imprimer par Normandie Roto Impression s.a.s.
à Lonrai (Orne)
Dépôt légal : avril 2006. N° 84881-4 (061255)
Imprimé en France